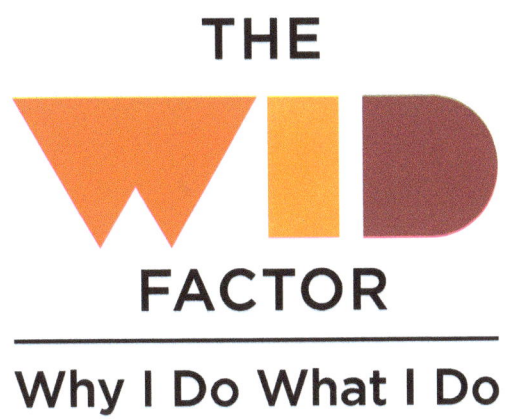

THE WID FACTOR
Why I Do What I Do

목적에 이르는 길을 가기 위해 내가 세계를 보는 관점을 이해하기
마음챙김, 통합, 웰빙의 원칙을 바탕으로

First published 2016 for Patrick Kayrooz and Denise Daniels by

Longueville Media Pty Ltd
PO Box 205
Haberfield NSW 2045 Australia
www.longmedia.com.au
info@longmedia.com.au
Tel. +61 2 9362 8441

Copyright © PaKay Pty Ltd 2016

All rights reserved. No part of this publication may be reproduced or transmitted in any form or by any means, electronic or mechanical, including photocopying, recording or by any information storage and retrieval system, without the prior permission in writing from the authors or copyright holders.

The content and views expressed in this book are of a general nature and are not intended to provide specific advice in relation to individual people or their situations. Readers should always seek their own specific professional advice relating to their situation.

For the National Library of Australia Cataloguing-in-Publication entry see nla.gov.au

ISBN 978-0-6486978-6-2 (paperback)

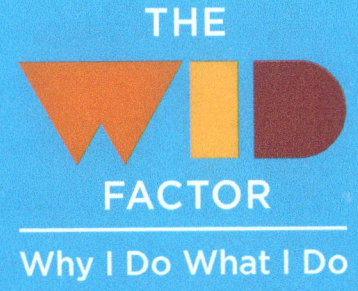

Contents

iv	이 책을 이용하는 방법
1	세 가지 중심 지능
7	세계를 보는 관점
19	핵심 능력
23	장 지능의 핵심 능력
29	가슴 지능의 핵심 능력
35	머리 지능의 핵심 능력
45	자유를 향한 세 가지 단계
53	목적에 이르는 길
56	장 지능 서약
59	가슴 지능 서약
62	머리 지능 서약
67	비고
70	저자 소개

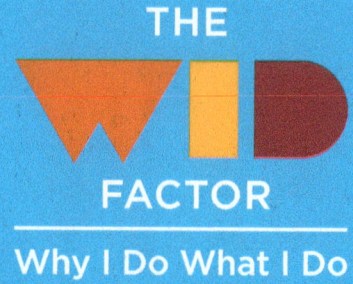

이 책을 이용하는 방법

스스로에 대해, 타인에 대해 더 잘 이해하고 싶은 독자들을 위해 이 책을 썼습니다.

이 책에서는 일을 과정별로 제시하고 있는데, '왜 하며 무엇을 하는가'를 이해하게 해줍니다.

먼저 당신의 주요 지능(dominant intelligence)을 찾기 위해 각 센터의 주요 지능(centers of intelligence)에 대해 읽어 보세요.

둘째로 중심 지능 피라미드를 확인해 그 지능이 갖는 세 가지 핵심 능력(core potencies)을 확인하세요. 그 중에 하나가 당신의 핵심 능력인데, 당신이 세계를 보는 관점(view of the world)에서 나오는 것이며 '왜 하며 무엇을 하는가'를 설명해 줍니다.

당신이 세계를 보는 관점에 따라 각 핵심 능력의 자질이 달라지는데 핵심 능력들은 '반응하는 자아(reacting self)'와 '대응하는 자아(responding self)'로 묶을 수 있습니다. 우린 항상 이러한 자질들(qualities)을 모두 갖고 지냅니다.

마지막으로 자유를 향한 세 가지 단계(three steps to freedom)에서는 어떻게 하면 대응을 더 많이 하고 반응은 더 적게 할 수 있는지를 배웁니다. 그러고 나면 당신이 세계를 보는 관점으로 형성된 핵심 능력을 바탕으로 서약(VOW)을 함으로써 더 현실적이고 의미 있는 방법으로 목적에 이르는 길(path of purpose)을 걷도록 해줄 겁니다.

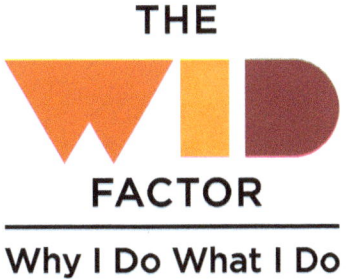

이 책은 당신이나 다른 이들의 정체성을 바꾸려는 의도는 없습니다. 이 책은 개인의 변화 과정을 다루는 책입니다. "반응하는 자아"와 "대응하는 자아"가 가진 자질을 모두 이해하고 이 같은 자질이 우리 곁에 나란히 있다는 것을 깨닫도록 합니다.

목적에 이르는 길을 걷는 삶을 살기 위해, 왜 그리고 무엇을 할지 깨닫기 위해, 어떤 시점에 특정 자질이 드러나게끔 하는 요인을 잘 관측하는 것이 도전 과제입니다.

"스스로에게 반응하기 보다는
대응할 여지를 더 많이 줄수록
타인의 본연 그대로를 받아들일 여지가 큽니다."

패트릭 카이루즈

발견해 보세요
왜 해야 하는지, 무엇을 해야 하는지

세 가지
중심 지능

고대의 지혜와 현대 과학은

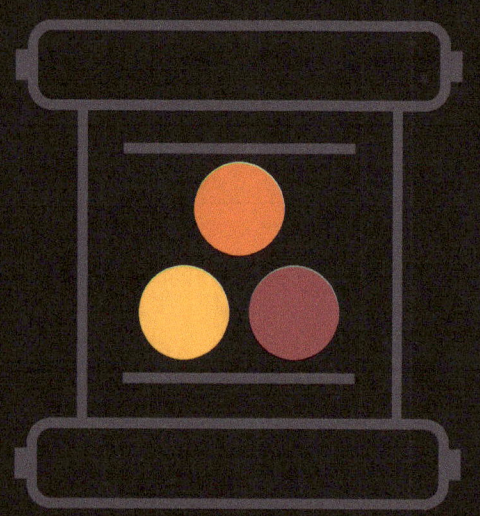 

세 가지 중심 지능이 있다고
우리에게 알려줍니다

우린 세 가지 중심 지능을 모두 활용합니다

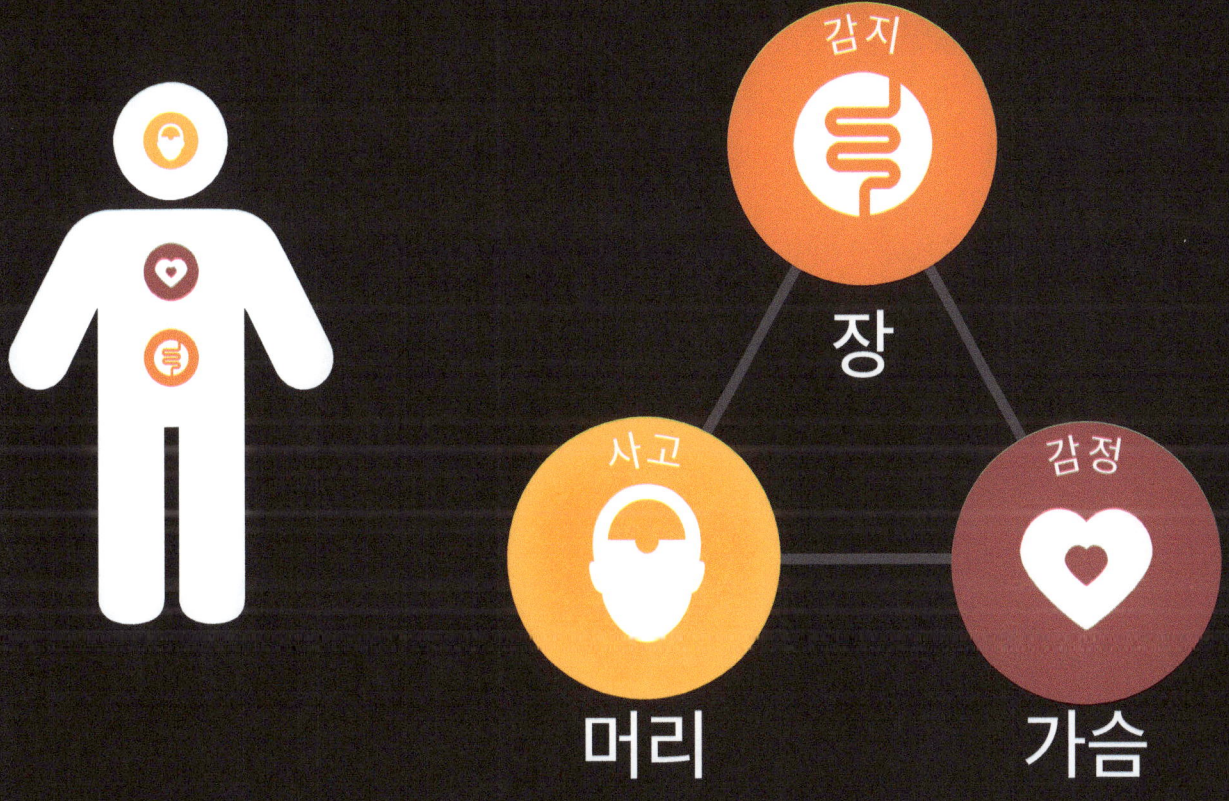

우리 인격은
이 **지능** 중에 **하나**가
두드러지게 나타납니다

그리고 우리가 세계를
특정한 방식으로 바라보게 만듭니다

당신의 세계관을 이해하기 위해,
당신이 주로 어떻게 사고하고 느끼는지
그 경향을 파악해 보시기 바랍니다

세계를 보는 관점

당신이 세계를 보는 관점이란,
곧 당신이 어떤 사고를 하고 어떤 느낌을 받느냐는 겁니다

자각인식을 통해 특정 순간에 발현되는 반응하는 자아와 대응하는 자아의 자질을 평가할 수 있습니다

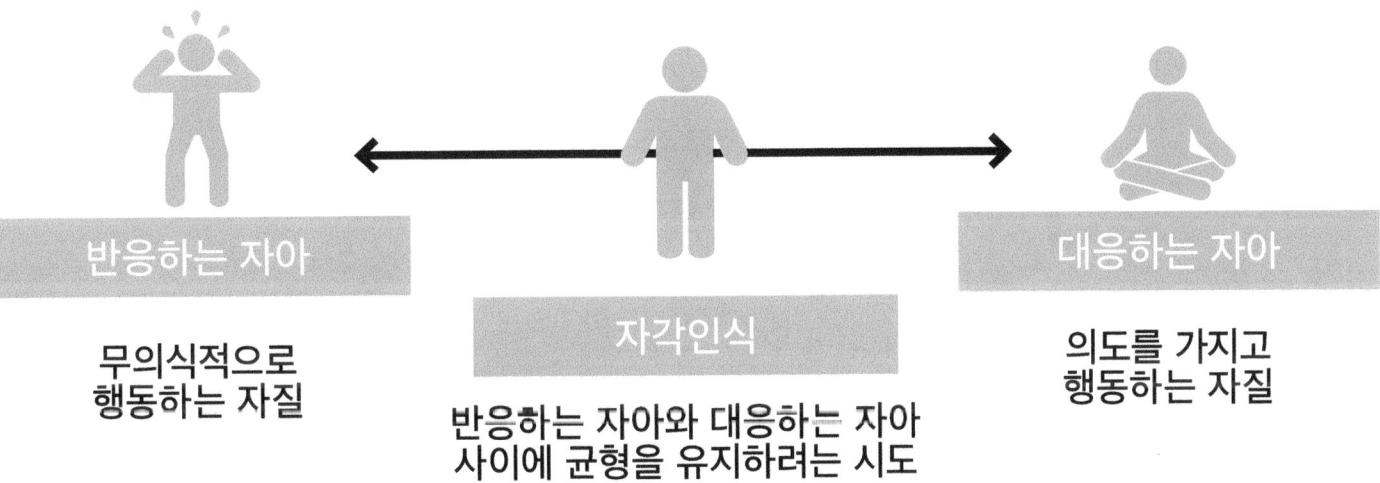

세계를 보는 관점

장 지능
(GUT INTELLIGENCE)

세계의 **불공평을** 찾아내며

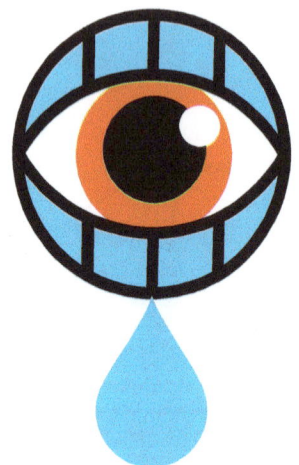

세계 **정의를** 실현합니다

세계를 보는 관점

어떤 사고를 하고 무엇을 느끼는가

불공평함   공평함

당신의   자각인식   당신의

반응하는 자아가   **대응하는 자아가**

불공평함을 생각한다면   공평함을 생각한다면

분노의 감정을   **평화의 감정을**

느끼게 됩니다

 세계를 보는 관점

가슴 지능
(HEART INTELLIGENCE)

세계 안에서의 **단절을** 발견하며

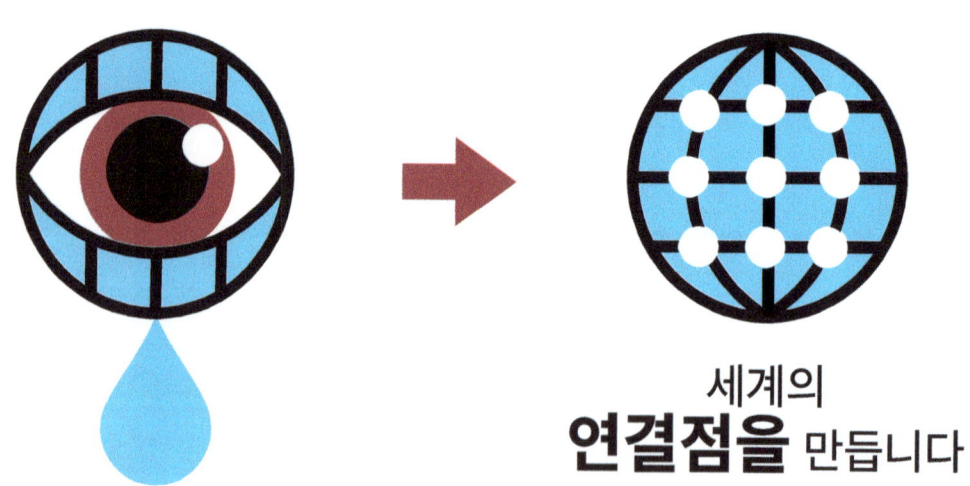

세계의 **연결점을** 만듭니다

세계를 보는 관점

어떤 사고를 하고 무엇을 느끼는가

눈에 띄지 않다

보아준다

당신의
반응하는 자아가
자신이 타인의 눈에
띄지 않다고 생각하면 당신은
슬픔의 감정을

자각인식

느끼게 됩니다

당신의
대응하는 자아가
타인이 자신을
보아준다고 생각하면 당신은
기쁨의 감정을

세계를 보는 관점

머리 지능
(HEAD INTELLIGENCE)

세계의 **불확실성을** 보며

세계를 **안전하게** 만듭니다.

세계를 보는 관점
어떤 사고를 하고 무엇을 느끼는가

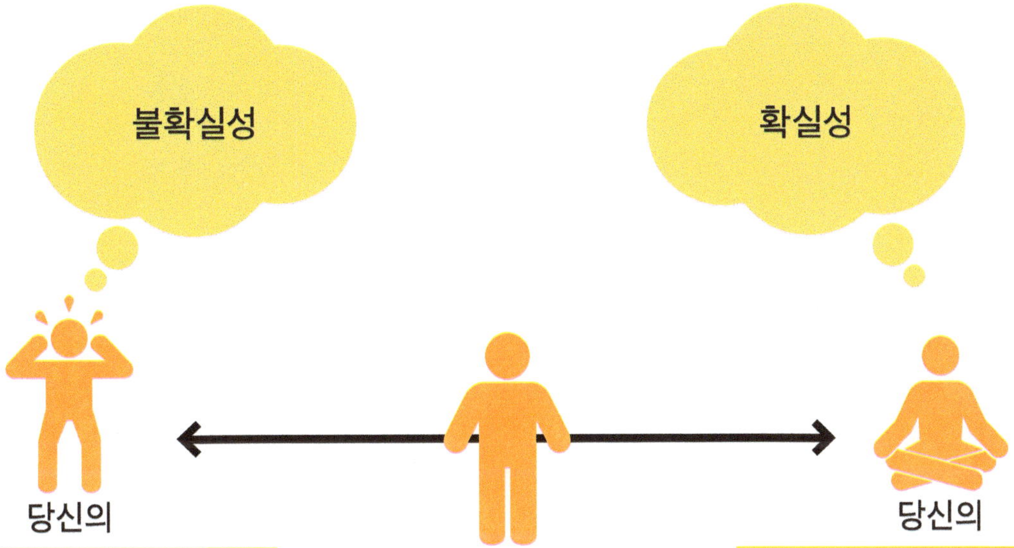

불확실성

확실성

당신의
반응하는 자아가
불확실성을 생각한다면
두려움의 감정을

자각인식

당신의
대응하는 자아가
확실성을 생각한다면
자신감을

느끼게 됩니다

요약

세계를 보는 관점들

지능	주안점	반응하는 자아		대응하는 자아	
		사고	감정	사고	감정
장 지능	불공평 → 정의	불공평	분노	공평	평화로움
가슴 지능	연결 단절 → 연결	보이지 않음	슬픔	보임	기쁨
머리 지능	불확실성 → 안전	불확실성	두려움	확실성	자신감

이제 세계를 보는 관점을 알게 되었습니다
목적에 이르는 길을 걷도록
지금부터 당신의 핵심 능력이
무엇인지 찾아봅시다

정의:
핵심 능력

핵심	중심적인
	일차적인
	내적인
	주요한

능력	에너지
	힘
	파워
	포스

핵심 능력 (core potency)이긴 당신이 세계를 보는 관점에서 나오는 내적인 힘으로서 왜 그리고 무엇을 해야 하는지를 설명하는 요인입니다 (WID Factor)

# 장 지능의 핵심 능력

장 지능 피라미드

세계의 부정의와
불공평을 보고

↓

분노를 경험하며

↓

이를 극복하고자 다음과 같은
핵심 능력을 통해 평화를 만들려 합니다

보호하는 능력   화해시키는 능력   바로잡는 능력

핵심 능력

보호하는 능력

개요

- 대범하고 강하며 이따금 다채로운 모습
- 사건을 극단적으로 봄: '모 아니면 도'
- 삶에 대한 열의
- 결단력이 있고 일을 도맡는 성격
  - 치열한
  - 솔직한
  - 웅변가

당신의 길
타인에게 힘을 주며, 취약함을 받아들임으로써 진정한 힘을 찾는다

당신이 세계에 주는 선물
진실

자질

반응하는 자아 ←―――― **자각인식** ――――→ **대응하는 자아**

분노
- 과도한 영향력
- 위협적인
- 군림하려 드는
- 충동적인
- 타인의 감정에 둔감한
- 자신의 취약성을 인지하지 못함
- 제멋대로 행동함

평화로움
- 단호한
- 약한 이들을 보호함
- 광명정대한
- 너그러운
- 무한한 에너지
- 진실된
- 인내심과 체력

알려진 유형
- 보호자
- 조종자
- 도전자
- 보스
- 대면자

25

핵심 능력
화해시키는 능력

개요

- 온화함
- 차분하고 잘 동의함
- 적응력이 좋음
- 수용적임
- 타인을 잘 지지함
- 따르고 잘 어울리는 태도
- 개인적인 목표만 고수하지 않음

당신의 길
불편함을 받아들일 것, 우선 순위를 정할 것, "아니요."도 괜찮다

당신이 세계에 주는 선물
화합

자질

반응하는 자아
분노
- 갈등을 회피함
- 우유부단함
- 애증이 교차함
- 고집스럽거나 수동적 공격 성향을 띰
- 불필요한 세부사항에 집착함
- 공사를 구분하지 못함
- 정신이나 감정적으로 '마음을 닫음'

자각인식

대응하는 자아
평화로움
- 공감력과 배려심
- 타인을 조건없이 도움
- 한결같음
- 이해심 있는
- 타고난 중재자
- 다양한 견해를 받아들임
- 가식 없는

알려진 유형
- 조화를 이루는 자
- 중재자
- 적응자
- 안락을 추구하는 자
- 조정자

핵심 능력
바로잡는 능력

개요
- 자신의 옳음과 상대의 그름에 대해 기준이 높음
- 단련함
- 책임감이 있음
- 개선하는 데에 관심을 둠
- 자신과 타인에게 비판적임
- 이상주의적
- 항상 완전함을 추구함

당신의 길
불완전함을 받아들이고 규칙에 의문을 갖는다

당신이 세계에 주는 선물
완벽함

자질

반응하는 자아
분노
- 융통성 없는
- 옳을 것의 잣대를 둠
- 판단하려 함
- 비판적이고 스스로 판단해버림
- 통제하려 함
- 억울해하고 용서를 안함
- 죄책감을 유발시키고 요구가 많음

자각인식

대응하는 자아
평화로움
- 일과 원인들에 전념함
- 부지런함
- 독립적임
- 높은 도덕적 기준을 지킴
- 윤리적임
- 실용적이고 공정함
- 청렴함

알려진 유형
- 완벽주의자
- 운동가
- 개혁가
- 심판자
- 독선자

가슴
지능의
핵심 능력

가슴 지능 피라미드

세계의 연결 단절과
보여지지 않는 것을 찾고

슬픔을 경험하며

이를 극복하고자 다음과 같은
핵심 능력을 통해 기쁨을 만들려 합니다

도와주는 능력

성취하는 능력

구분 짓는 능력

핵심 능력
도와주는 능력

개요

- 타인이 필요로 하는 것을 매우 잘 알고 신경 씀
- 중요한 상대를 돌보고 봉사함
- 자기희생적임
- '막후 실력자'의 자리에 수긍함
- 인간 관계에 몰두함
- 칭찬을 잘함
- 사랑을 받고자 상대의 일을 함

당신의 길

자신에게 필요한 것을 찾기,
타인이 자신에게
베풀 여지를 줄 것

당신이 세계에 주는 선물

베풂

자질

반응하는 자아
슬픔

- 얻기 위해 베풂
- 강요하거나 무의식적으로 조작함
- 자기가 필요한 것이 생길 때 너스레를 부림
- 감사를 표하지 않으면 분해 함
- 자신이 필요로 하는 걸 신경쓰지 않음
- 타인의 인정을 받는 일에 몰두함
- 상대의 감정에 지나치게 반응함

자각인식

대응하는 자아
기쁨

- 베풂
- 도움이 필요한 이들을 돌봄
- 타인을 잘 지지해 줌
- 너그러운
- 상대가 필요로 하는 것과 상대의 감정에 매우 민감함
- 감사할 줄 아는
- 정력적이고 활기 넘침

알려진 유형

- 베푸는 자
- 애교가 많은 자
- 아첨하는 자
- 조력자
- 돌보는 자

핵심 능력
성취하는 능력

개요

- 행동하고 성취하는 데 강한 동력을 가짐
- 진행이 빠름
- 매우 생산적임
- 결과를 내는 데에 쉽게 적응함
- 자질, 재능, 성과에 자부심을 보임
- '일을 끝내고' '다음으로 넘어가는 것'에 열의를 보임
- 이미지에 신경을 씀

당신의 길

멈추고
속도를 줄이며
귀 기울일 것

당신이 세계에 주는 선물

업적

자질

반응하는 자아
슬픔

- 자신이나 타인의 감정을 개의치 않음
- 성격이 급함
- 끝까지 듣지 않고 말을 자름
- 과하게 공격적이거나 경쟁적임
- 자기 이익에 기만적임
- 프로젝트와 성과에 연관되는 이미지
- 꽉 찬 스케줄과 끊임없는 일

자각인식

대응하는 자아
기쁨

- 효과적임
- 현실적인 해결책
- 완료를 보장함
- 자신감 있고 침착함
- 현실적이고 유능함
- 효율적임
- 일을 끝맺기를 희망함

알려진 유형

- 공연자
- 성공자
- 영원한 낙천주의자
- 동기를 부여하는 자
- 실천가

핵심 능력

구분 짓는 능력

개요

- 특별해지고자 하는 욕망
- 세심한
- 감정이 풍부하며 밝고 어두운 면을 잘 표출함
- 나아지길 바람
- 부족한 것을 잘 파악함
- 독특해지길 갈구함
- 남을 부러워함

당신의 길
평범함을 받아들이고 감정 외부에서 행복을 찾을 것

당신이 세계에 주는 선물
영감

자질

반응하는 자아 자각인식 대응하는 자아
슬픔 **기쁨**

- 멜로드라마 같음
- 무거운 에너지
- 기분 변화가 심함
- 자신에게 몰두함
- 뭔가 빠졌다는 느낌이 지속됨
- 종종 실망함
- 엘리트주의

- 아름다움과 독특함에 감사함
- 열정적임
- 이상주의적임
- 예술적으로 창의적임
- 다양한 감정을 온전히 받아들임
- 고통과 연관 지을 수 있음
- 낭만을 살림

알려진 유형

- 예술가
- 개인주의자
- 심볼메이커
- 과하게 예민한 자
- 로맨티시스트

머리
지능의
핵심 능력

머리 지능 피라미드

세계의 잠재 위협과
불확실성을 보고

두려움을 경험하며

이를 극복하고자 다음과 같은
핵심 능력을 통해 자신감을 만들려 합니다

관찰하는 능력　　질문하는 능력　　고무시키는 능력

핵심 능력

관찰하는 능력

개요

당신의 길
앞으로 나설 것,
나눌 것은 충분함

- 분석적임
- 관찰력이 뛰어남
- 지식과 이해를 갈구함
- 자급자족할 수 있는
- 삶의 여러 양상을 분리함
- 자신과 지식을 알리지 않음

당신이 세계에 주는 선물
앎

자질

반응하는 자아
두려움

- 거리를 둠
- 무심함
- 감정 표현이 없고 고독한 것에 익숙함
- 사적인 영역을 지나치게 고수함
- 타인과 친해지는 데 어려움을 느낌
- 사람보다 지식에 더 큰 가치를 둠
- 인색함

자각인식

대응하는 자아
자신감

- 학구적이고 지적임
- 사려 깊음
- 지략 있는
- 위기 속에서도 침착함
- 자신감을 지키는 자
- 소박한 데에 만족함
- 믿을 수 있는

알려진 유형
- 사고하는 자
- 피하는 자
- 관찰자
- 은둔자
- 전문가

핵심 능력
질문하는 능력

개요

- 경계함
- 위협 요인을 찾아 봄
- 의심하거나 의문을 갖는 마음
- 회의적인
- 위험에 맞닥뜨리거나 이를 피함
- 권위에 양면적임
- 안전을 위해 호감을 주려 함

당신의 길
스스로를 믿을 것,
매사 잘 해결될 거라 믿을 것

당신이 세계에 주는 선물
믿음

자질

반응하는 자아
두려움

- 과하게 의심함
- 질책
- 타인이나 특히 권력자를 신뢰하지 못함
- 일을 미룸
- 자신과 타인에 대한 사보타주
- 최악의 시나리오를 떠올림
- 행동 이면의 숨겨진 동기를 찾음

자각인식

대응하는 자아
자신감

- 자신과 타인을 믿음
- 통찰력이 깊음
- 사려 깊음
- '약자'에게 헌신함
- 충실하고 믿을 수 있음
- 기지가 넘침
- 문제 해결사

알려진 유형
- 충신
- 질문자
- 선의의 비판자
- 충실한 회의론자
- 의심하는 자

핵심 능력
고무시키는 능력

개요

- 자신을 믿음
- 자신감 있는
- 낙관적인
- 지략 있는
- 아이디어와 가능성이 많음
- 활력이 넘침
- 재미를 추구함

당신의 길
단순하게,
'일한 뒤 놀기',
격려가 필요한 이유를 느낄 것

당신이 세계에 주는 선물
상상력

자질

반응하는 자아
두려움

- 약속하기를 꺼리며 신뢰할 수 없음
- 계속 자극과 새로운 것을 찾음
- 기회주의적
- 자기 도취적이거나 자기 잇속만 차림
- 특별한 대우를 받아야 마땅하다고 믿음
- 고통이나 갈등을 피함
- 타인이 따라오지 못한다고 결론 내림

자각인식

대응하는 자아
자신감

- 장난기 많음
- 독창적임
- 선택지를 만듦
- 고무적인
- 계획이나 비전을 제시하는 데 탁월함
- 가능성을 보는 안목
- 모험가

알려진 유형
- 미래를 탐구하는 자
- 모험가
- 열렬한 지지자
- 영원한 십대
- 자극을 찾는 자

요약

지능 피라미드

장

세계의 부정의와
불공평을 봄

↓

분노를 경험함

↓

다음의 핵심 능력을 통해
평화를 만들고 분노를 극복하려 함

보호하는 능력 　 화해시키는 능력 　 바로잡는 능력

가슴

세계의 연결 단절과
보여지지 않는 것을 찾음

↓

슬픔을 경험함

↓

다음의 핵심 능력을 통해
즐거움을 만들고 슬픔을 극복하려 함

도와주는 능력 　 성취하는 능력 　 구분 짓는 능력

머리

세계의 잠재 위협과
불확실성을 봄

↓

두려움을 경험함

↓

다음의 핵심 능력을 통해
자신감을 쌓고 두려움을 극복하려 함

관찰하는 능력 　 질문하는 능력 　 고무시키는 능력

요약

핵심 능력

핵심 능력을 확인했으므로,
자유를 향한 세 가지 단계를 취하여
자각을 한 당신의 자아를 열어
목적에 이르는 길을 걷도록 합시다

자유를 향한 세 가지 단계

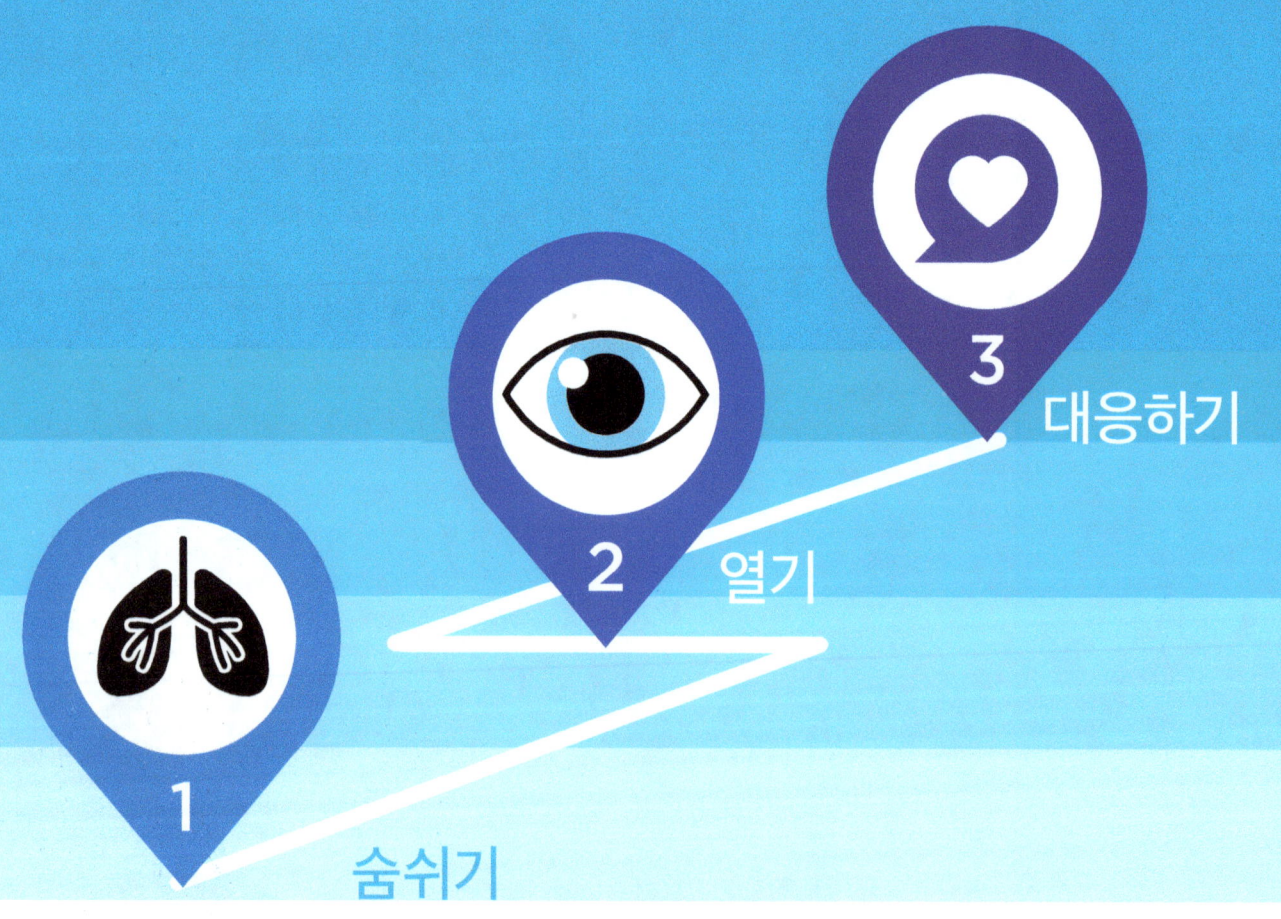

숨쉬기

들숨과 날숨을 따라가세요
숨쉬는 데에는
과거도 미래도 없습니다
오직 현재뿐입니다

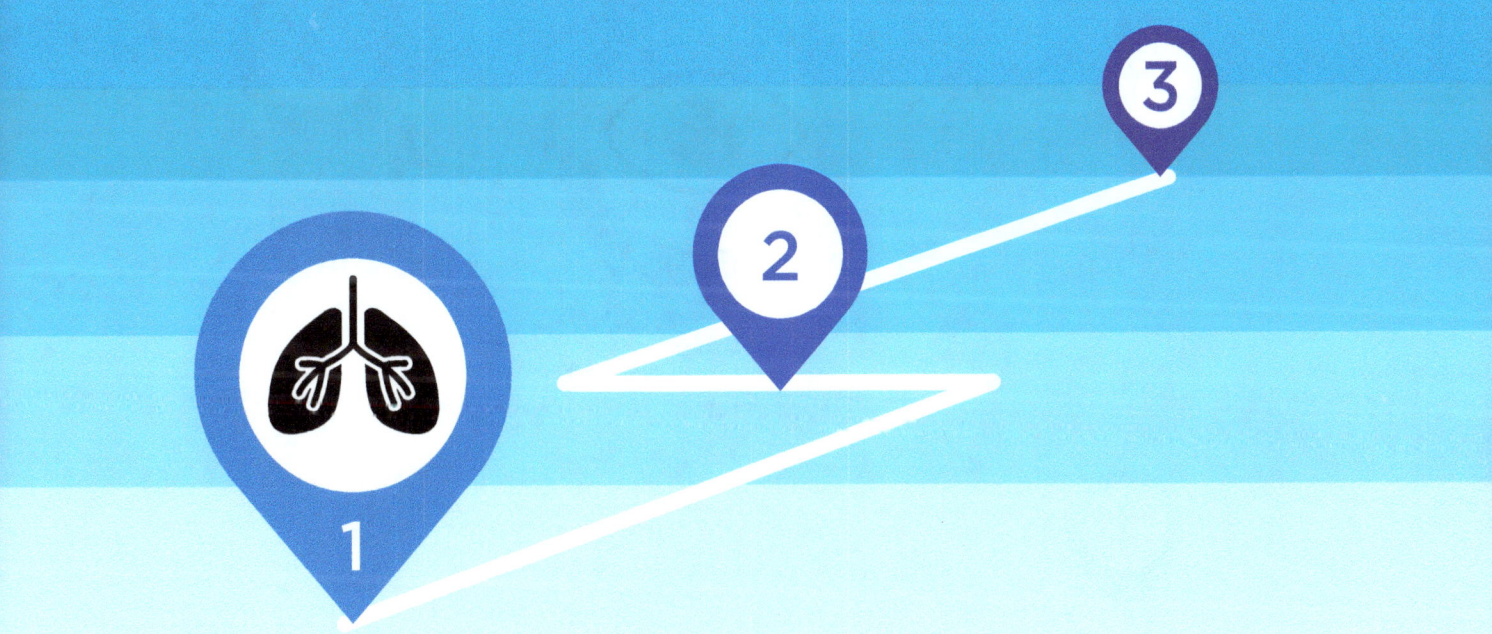

열기

열기를 통해
왜 그리고 무엇을 할 것인가와
나의 행동 사이에 있는 공간을
자각하세요

대응하기

그 공간에서 우리는
반응보다는 대응을 더 많이 하도록
선택할 수 있습니다

이곳에 진정한 자유가 있습니다

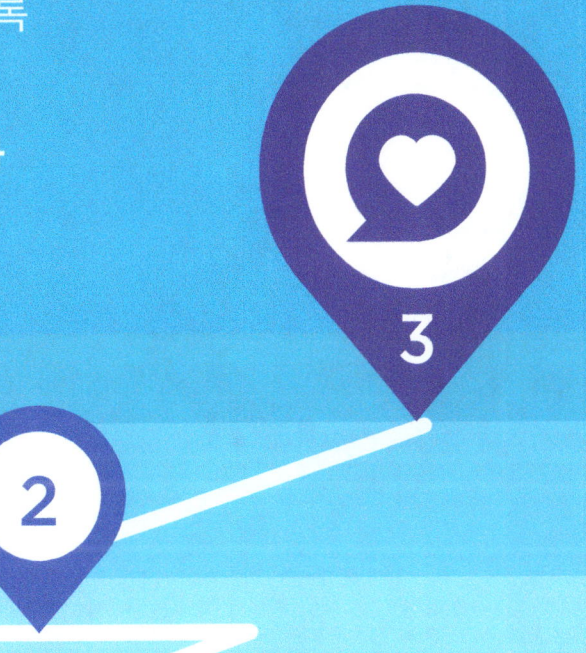

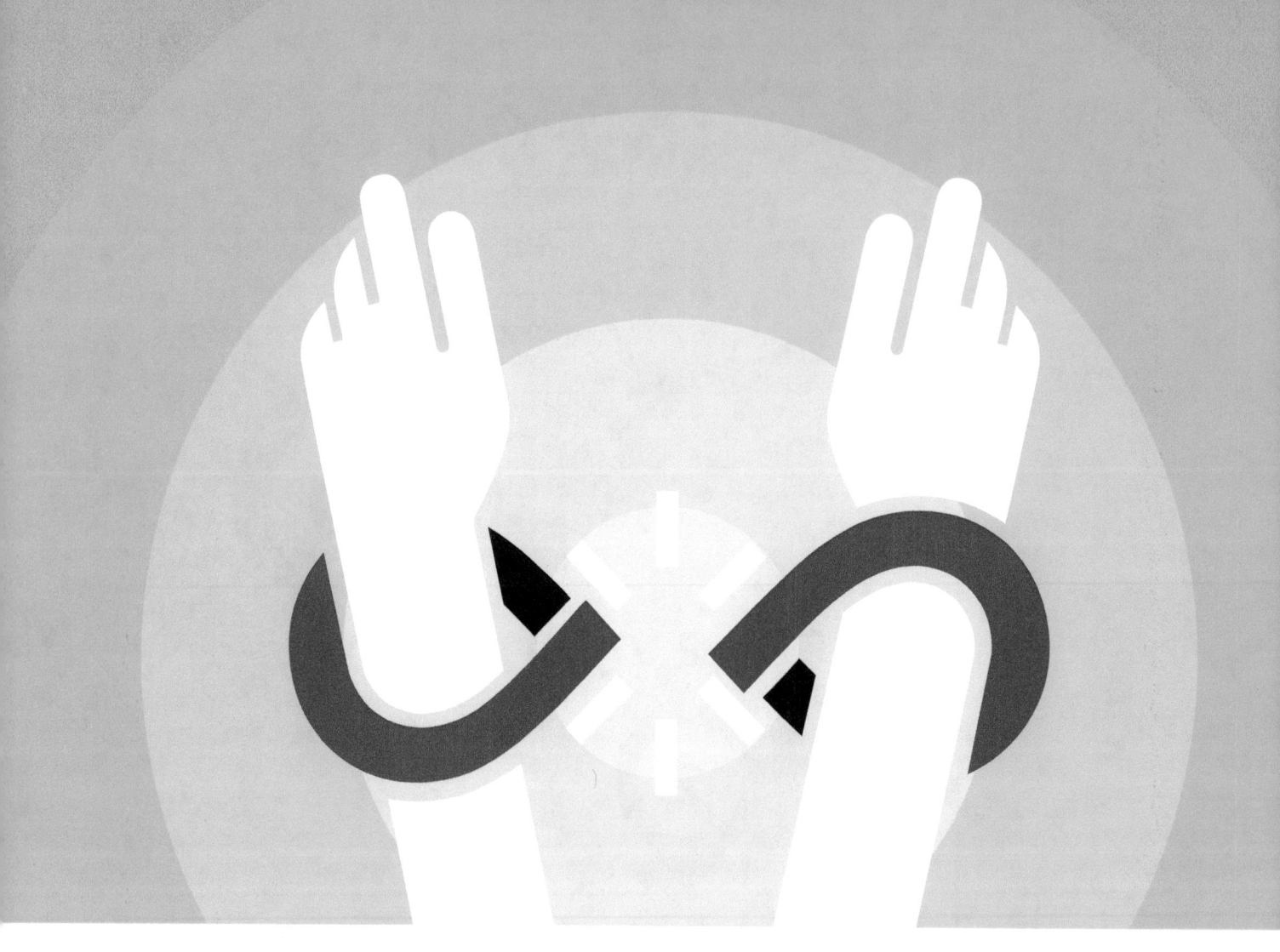

이처럼 선택의 자유를 경험하면
그 **'아하'를 외치는 순간에** 우린 자각을 한 자아를 '받아들이고'
스스로 목적에 이르는 길을 깨닫게 됩니다

이와 같은 과정을 반대로 하여
대응하고(React) 열고(Open) 숨을 쉬면(Breathe),
우린 말 그대로 목적에 이르는 길을 걸을 자유를 누리지 못하고
그 기회를 강탈당하게(ROB) 됩니다

목적에 이르는 길

자유를 향한 세 가지 단계를 통해
세계를 보는 관점을 알아냈으니,

스스로 **목적에 이르는 길**을
걷겠다는 서약을 하도록 합시다

장 지능

보호하는 능력

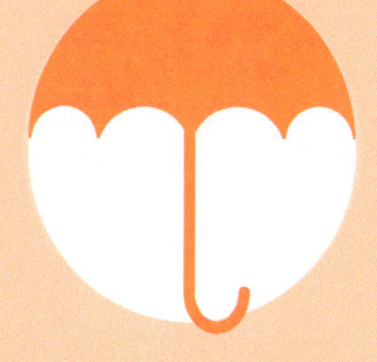

나의 취약성은 약점이 아니라
도리어 강점의 일부라고 생각합니다

장 지능

화해시키는 능력

나는 불편함과 갈등이
삶의 경험으로 이어진다는 것을 기억합니다

장 지능

바로잡는 능력

나는 불완전이라는 것이
삶의 완전함의 일부라고 생각합니다

가슴 지능

도와주는 능력

자신이 세계에서 보여진다는 것을 알며,
나는 주는 것도 받는 것도 허락합니다

가슴 지능

성취하는 능력

세상의 잣대로 얼마나 이뤘는가와는 관계없이,
나는 자신을 가치 있게 여기고 내가 보여지도록 하겠습니다

가슴 지능

구분 짓는 능력

나는 다른 사람들이 특별한 만큼
나도 특별하다고 생각합니다

머리 지능

관찰하는 능력

나는 스스로를 나누겠으며
내가 충분하다는 걸 압니다

머리 지능

질문하는 능력

의심과 믿음은 공존한다는 것을 알고 있으며,
나는 삶을 받아들이겠습니다

머리 지능

고무시키는 능력

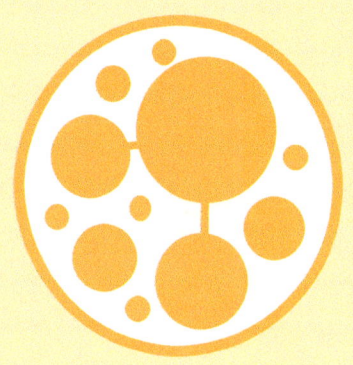

나는 자신에게 현실의 자아를 경험하기 위한
시간과 공간을 주겠습니다

비고

나의 주된 지능은

내가 더욱 몰두하게 되는 것은...

내가 세계를 보는 관점은 다음과 같은 것들을 보여줍니다. 내 대응적 자아에서는...

내 반응적 자아에서는...

나의 핵심 능력은

내가 한 서약(VOW)을 염두에 두면, 나의 목적에 이르는 길은

내가 "아하"라고 외친 순간들

_____ _____
_____ _____
_____ _____
_____ _____
_____ _____
_____ _____
_____ _____
_____ _____
_____ _____
_____ _____
_____ _____
_____ _____
_____ _____
_____ _____
_____ _____

"스스로 생각했던 것보다는 내가 강한 건가 봅니다."

토마스 머튼

더 많은 정보는
www.thewidfactor.com

저자 소개

패트릭 카이루즈, MEd.

패트릭 카이루즈는 변형화 교육자이다. 그는 18세부터 인성 체계를 공부해 왔다. 그는 철학, 신학 학위 및 교육학 석사 학위가 있다. 패트릭은 사업가이자 미국 소재 국제에니어그램협회의 이사회의 일원이다. 사업 개발 교육자이자 동기 부여가이다. 자기인식을 촉진하는 데에 관심이 많고, 자신이나 교제하는 사람, 직장 동료 등을 더 깊게 이해하기 위해 열정을 쏟고 있다. 그는 'WID 요인'의 열렬한 지지자로서 개인 발전과 영성 속에서 '말한 것 실천하기'를 위해 노력해 오고 있다. 교육자로서는 어린이들이 'WID 요인'을 더 쉽고 간단한 형태로 접할 수 있게끔 하는 데 관심이 많다.

데니스 다니엘스, Ph.D.

데니스 다니엘스는 교육 혁신가이자 사업가이다. 그녀는 인간의 성장 잠재력에 깊은 관심을 갖고 있다. 발전주의자로서 그녀의 연구 영역, 저서, 어플리케이션은 일생에 걸쳐 추구하고 있는 자기 발전의 증거이다. 데니스는 아동 및 유아 개발, 출판, 교육 기술 분야에서도 업적을 쌓았다. 데니스는 캘리포니아 대학교 버클리 캠퍼스에서 학사 학위를 받았으며, 석사 및 박사 학위는 콜로라도 볼더 대학에서 받았다.

박사 학위 취득 후, 스탠포드 대학에서 4년간 박사 후 연구를 마쳤다. 그녀는 75개의 기사 글, 북 챕터, 온라인 출판물 및 <The Big Self: The Meaning of Life and Other Things You Need to Know>의 저자이다.

www.ingramcontent.com/pod-product-compliance
Lightning Source LLC
Chambersburg PA
CBHW061134010526
44107CB00068B/2935